RÉPONSE

[illegible] LE BARON D'AZÉMAR

COLONEL DU 8e RÉGIMENT DE LANCIERS,

Auteur de l'ouvrage

[illegible]VENIR DE LA CAVALERIE,

(PARTIE PUREMENT ÉQUESTRE)

PAR

LE COMTE SAVARY DE LANCOSME-BRÈVES

[illegible] DE LA LÉGION D'HONNEUR, ETC.

[illegible] du Conseil général de l'Indre, etc. [illegible]

PARIS

LIBRAIRIE MILITAIRE

[illegible]

[illegible]

RÉPONSE

A

M. LE BARON D'AZÉMAR,

COLONEL DU 6e RÉGIMENT DE LANCIERS.

PARIS. — IMPRIMERIE DE COSSE ET J. DUMAINE, RUE CHRISTINE, 2.

RÉPONSE

A

M. LE BARON D'AZÉMAR

COLONEL DU 6e RÉGIMENT DE LANCIERS,

Auteur de l'Ouvrage

AVENIR DE LA CAVALERIE,

(PARTIE PUREMENT ÉQUESTRE)

PAR

M. le Comte SAVARY DE LANCOSME-BRÊVES,

CHEVALIER DE LA LÉGION D'HONNEUR,
Membre du Conseil général de l'Indre, etc., etc.

PARIS
LIBRAIRIE MILITAIRE
J. DUMAINE, LIBRAIRE-ÉDITEUR DE L'EMPEREUR,
Rue et Passage Dauphine, 30.

1861

AVANT-PROPOS.

—

Avenir de la Cavalerie, tel est le titre exigeant et plein d'intérêt que donne à son œuvre un militaire distingué, M. le baron d'Azémar, colonel du 6e régiment de lanciers.

Entreprendre de parler de ce travail, quand on n'a pas, pour ainsi dire, appartenu à l'armée, paraîtra peut-être présomptueux de notre part....

Aussi en lisant les deux volumes de cet ouvrage n'avons-nous eu d'abord que la pensée de nous instruire ; mais ayant vu qu'un des chapitres était spécialement consacré à notre *Théorie de Centaurisation*, nous avons cru de notre devoir de répondre à ce qui nous était adressé...., bien décidé d'avance à ne parler que sur les questions qui ont un intérêt direct avec l'équitation.

Quant à celles qui semblent s'en éloigner, nous laisserons ce soin à d'autres plus habiles que nous, n'aimant pas à écrire sur ce qui n'est pas de notre compétence.

En prenant la plume nous n'entendons pas présenter une défense de nos principes qui ne sont attaqués par personne.

L'auteur tient à l'ordonnance du 6 décembre 1829, mais il déclare bien franchement qu'il ne connaît pas assez notre méthode d'enseignement pour en parler, qu'il ne la juge pas, et qu'il lui souhaite d'être acceptée pour peu qu'elle soit utile à l'avenir de la cavalerie.

D'ailleurs, la Commission officielle a fait un rapport favorable; Son Excellence le Ministre de la guerre a soumis ce rapport à MM. les Membres du Comité de cavalerie qui ont été unanimes sur les conclusions de la Commission. La question est donc entre les mains de Son Excellence M. le Ministre de la guerre, dont les connaissances équestres sont appréciées de tout le monde.

L'ouvrage de M. le baron d'Azémar, ainsi qu'on va le voir, est l'œuvre d'un écrivain dévoué aux intérêts de son pays, cherchant à réparer *un mal* qu'il voit et qu'il signale : *le peu d'habileté équestre de nos cavaliers.*

Notre opuscule n'est en quelque sorte qu'*un auxiliaire* que nous lui offrons pour en combattre la source. Tout le mal réside, selon nous, dans certains principes de l'ordonnance du 6 décembre 1829, dont l'esprit excellent est tué par plusieurs parties de la lettre elle-même, qui formerait un tout très-bon sans ces fractions, qui ont fait punir bien des cavaliers, compromis beaucoup d'existences, taré un grand nombre de chevaux, et fait perdre un temps précieux.

Notre réponse au colonel a encore pour but de faire entrer dans l'instruction un agent de plus, *le poids du corps*, ce qui sera d'une grande utilité pour les chevaux auxquels cet agent épargnera sans cesse le châtiment inévitable de l'éperon.

Et enfin de faire que dans l'instruction militaire,

on s'occupe un peu moins *des os du squelette*, et un peu plus de ce qui fait agir *la volonté* du cheval, volonté qui règle la marche des puissances et de leurs leviers....

C'est-à-dire que, sans sacrifier entièrement l'ostéologie et la myologie, on pense un peu plus à la physiologie de l'animal.

Nos idées exprimées d'avance, entrons en matière.

DIVISION DU TRAVAIL

DE M. LE BARON D'AZÉMAR,

COLONEL DU 6e RÉGIMENT DE LANCIERS.

M. le baron d'Azémar, dans un récent ouvrage qui peut passer pour une revue générale, donne rapidement son opinion sur l'utilité incontestable de la cavalerie.

Il divise son travail en trois parties :

La première traitant particulièrement de la cavalerie ;

La seconde ayant pour objet principal l'examen technique des ouvrages publiés sur l'ordonnance du 6 décembre 1829.

« Cet examen, peut-être un peu long, nous a paru, dit-« il, nécessaire, afin de bien établir, *une fois pour toutes,*

« que notre ordonnance, *sans être parfaite*, doit être « maintenue *dans ses principes sanctionnés par une* « *longue expérience.* »

Dans la troisième partie, M. le baron d'Azémar « essaie, « quoique cavalier, de parler à l'infanterie et de l'infan- « terie..... Puis enfin, il dit quelques mots sur l'artille- « rie et la tactique combinée des trois armes. »

« Si dans cette *étude un peu rapide,* ajoute-t-il, en « terminant son avant-propos, nous sommes assez heu- « reux pour dissiper *la moindre partie* du nuage qui « *assombrit* l'état actuel de la cavalerie en voilant son « avenir, et, pour ajouter une seule vérité à la masse « commune des lumières, nous nous croirons assez « récompensé de notre travail. »

Tel est le vœu que s'adresse M. le baron d'Azémar ; examinons s'il s'est mis en position d'être exaucé.

PREMIÈRE PARTIE.

PREMIER VOLUME DE L'AVENIR DE LA CAVALERIE.

CHAPITRE PREMIER.

CONSIDÉRATIONS GÉNÉRALES SUR LA CAVALERIE.

L'auteur commence son livre par des considérations générales sur la cavalerie : « Est-il vrai, s'écrie-t-il, « comme on l'a dit et écrit, que le rôle de la cavalerie « sera désormais amoindri par suite des progrès de « l'infanterie et de l'artillerie ?

« La cavalerie ne devra-t-elle être considérée à l'avenir « que comme une troupe de réserve ?

« Fera-t-on bien de n'avoir, dans les prochaines

« guerres, qu'une faible portion numérique de cava-
« lerie ?

« La cavalerie a-t-elle fait son temps, et doit-elle être
« mise à pied ? »

Telles sont les questions auxquelles l'écrivain cherche une solution..... Oui, la cavalerie est une arme indispensable, et, loin d'être diminuée, nous devons chercher à en augmenter le nombre et la force.

Après avoir lu ce premier chapitre, dans lequel apparaissent, comme autorités sans réplique, Annibal, Frédéric II, Napoléon Ier, et tant d'autres qui, sans être à la hauteur de ces grands hommes, ont un mérite réel....., nous restons convaincu avec l'auteur que « si
« le perfectionnement des armes à feu modifie la tactique
« de la cavalerie, son rôle à la guerre ne sera pas *amoin-*
« *dri*, et que notre arme méritera toujours la haute opi-
« nion qu'elle avait inspirée même à ses adversaires les
« plus opiniâtres comme les plus illustres.

Nous irons plus loin que l'auteur : nous prétendons qu'on doit tirer de la cavalerie un parti plus étendu encore qu'on ne l'a fait avant nous, en améliorant son *instruction morale et physique*, d'après les progrès actuels de l'équitation.

M. le baron d'Azémar pose les questions suivantes :

« Fera-t-on bien, à l'avenir, de n'avoir qu'une faible portion numérique de cavalerie ?

« Quelle serait la proportion à établir entre la cavalerie et les autres armes? »

La cavalerie doit équivaloir, suivant les autorités compétentes, au quart de l'infanterie dans les pays découverts et en être le sixième dans les pays de chicane.

Puis il met sous les yeux du lecteur le chiffre de l'effectif de la cavalerie en 1794, *quatre-vingt-seize mille cinq cents hommes;* chiffre porté par Napoléon Ier à celui de *cent-quarante-quatre mille neuf cent cinquante-cinq cavaliers ;* après cette donnée, puisée à une mémorable source, l'auteur termine son chapitre en insistant pour que les exemples que nous tenons du premier Empire *servent de modèle à la constitution de la cavalerie actuelle.*

Mais si le colonel d'Azémar la veut aussi complète, il déclare qu'elle est très-coûteuse, et, pour la rendre le plus profitable possible, il entreprend la tâche difficile de suivre son organisation dans toutes ses parties vitales qu'il établit comme suit : *son recrutement, son avancement, sa discipline, son éducation, son instruction, la proportion relative des cavaleries d'espèces différentes.*

CHAPITRE II.

DU RECRUTEMENT.

—

M. le baron d'Azémar commence ainsi :

« Il y a dans les mœurs françaises, dit un auteur hip-
« pique, une saillante anomalie qui surprend les étran-
« gers et dont ils cherchent la raison sans la trouver.
« Nous sommes un peuple guerrier, brave, impétueux,
« et, en général, *nous sommes mauvais cavaliers*.

« Il est pénible d'en convenir, mais c'est une vérité,
« ajoute le colonel, que les Français en général *ne sont*
« *pas cavaliers, et, naturellement*, *les soldats de notre*
« *cavalerie* se ressentent de ce défaut inhérent à la
« nation. »

Pour ceux qui, de bonne foi, veulent conserver intacte l'ordonnance du 6 décembre 1829, le début de ce chapitre ne semblerait-il pas piquant et de force à atténuer leurs intentions à cet égard, puisque l'application des principes de l'ordonnance n'a su corriger encore aucun des *défauts* du cavalier *inhérents* à la nation française.

Après la constatation *du mal* voyons le remède :

« 1° Fixer pour cette arme l'âge du tirage au sort à
« 17 ans (l'introduction de cette mesure dans la loi du
« recrutement pouvant présenter des difficultés, nous
« insisterons sur les mesures suivantes) :

« 2° N'admettre que des hommes ayant pratiqué le che-
« val ;

Cette mesure étant adoptée, pourquoi en parler ?

« 3° Abaisser la taille de la cavalerie légère à 1 mètre
« 59 centimètres (4 pieds 11 pouces) et réduire celle
« de la cavalerie de ligne et de réserve en proportion,
« mais n'accepter que des hommes vigoureux ;

« 4° Organiser des pupilles de cavalerie par un mode de
« recrutement analogue à celui des pupilles de la
« garde impériale et des vélites royaux de Hollande ;
« leur donner une éducation militaire et *une instruc-*
« *tion équestre* basée sur les meilleurs principes an-
« ciens et modernes que nous avons indiqués, et sur
« lesquels nous reviendrons bientôt. »

Les remèdes présentés par l'auteur sont-ils bien ceux qu'il faudrait appliquer ? Nous croyons que si le Gouvernement modifiait l'instruction équestre, il obtiendrait des résultats très-avantageux..... Avant de combattre l'opinion de l'auteur, qu'il nous rende la justice de convenir que, dans notre théorie de la centaurisation, si nous avons indiqué, *sur la demande de Son Excellence le Ministre de la guerre*, les modifications à faire à la théorie, nous n'avons pas cherché à détruire une œuvre très-belle dans son ensemble, mais qui est, dans ses détails, en contradiction formelle avec les règles que prescrivent la physiologie, l'anatomie et la mécanique.

On signale que le Français n'apporte pas en naissant les dispositions équestres que l'on constate chez les autres peuples.... Supposons que le fait existe.

N'est-ce pas alors une raison plus forte pour combattre ces instincts naturels et fâcheux !.... Que fait-on avec l'ordonnance de 1829?.... Et parlons sans ambages des vices de cette théorie :

1° Ses principes font sortir le cavalier de la selle quand il devrait y entrer pour s'y fixer.... c'est-à-dire, *au départ, à l'arrêt, pendant les défenses*;

2° Ils ordonnent au cavalier *d'abandonner* le cheval lorsqu'il est important qu'il conserve avec la bouche un rapport intime, non-seulement dans tous les mouvements de la progression, mais également dans ceux du reculer;

3° Dans l'exécution des mouvements du cheval, ils font agir les jambes du cavalier en sens contraire à la raison ; la masse a-t-elle besoin d'être soutenue, la jambe arrive trop tard ou sans indiquer comment elle doit arriver ; la masse a-t-elle besoin d'être portée en avant, ils prescrivent, pour obtenir l'impulsion, l'emploi de la jambe appelée à soutenir, etc., etc., *de sorte qu'il en résulte que le cavalier finit par ne plus se servir d'aucune de ses jambes,* car s'il s'en servait comme l'indique l'ordonnance, il n'exécuterait pas le mouvement ou il l'exécuterait mal.

4° Le corps, au lieu d'aider à la solidité du cavalier et à la conduite du cheval, nuit aux conditions de l'aisance, de la tenue, de la sûreté des deux à la fois ; en un mot, le *corps* au lieu d'être un *agent* utile à la conduite de l'animal et à la sûreté du cavalier est un inconvénient.

Tels sont quelques-uns des résultats de certains principes de l'ordonnance, et remarquons que je n'attaque *ni les commandements, ni les manœuvres, ni les mouvements, mais les principes qui amènent le cheval à les exécuter.*

Voici un fait sur lequel nous appelons l'attention du colonel.

A la 18e leçon de mes expériences, le cavalier Siméac du 2e carabiniers étant tombé malade, son cheval fut pris par le sous-officier Zimmermann, ancien élève de Saumur, désigné avec le sous-officier de Verac, pour commander les recrues.

Dès lors, ce cheval, qui ne s'était pas défendu avec un cavalier de recrue, commença, avec un instructeur de 17 ans de service, à présenter, dans chaque mouvement, quelques résistances qui, bientôt, dégénérèrent en une lutte tellement forte, que le cheval se renversa le jour même du changement de cavalier, avec le sous-officier, sur un des poteaux du manége.

Le lendemain, en sortant de la caserne du quai d'Orsay, où étaient les hommes et les chevaux d'expérimentation, et au moment de quitter la cour, le même cheval, monté par le même sous-officier, recommença la lutte et eta son cavalier par-dessus sa tête.

Dès le jour même, je rendis le cheval à un des recrues et l'animal recommença avec lui les demi-voltes simples et renversées, successives, individuelles, la serpentine, etc., sans songer à s'irriter, tant l'homme comprenait déjà l'animal, tant le cheval était à l'aise sous le cavalier.

M. Zimmermann est un instructeur possédant à fond la théorie de l'ordonnance du 6 décembre 1829.

Nous avons laissé le chapitre du colonel aux mesures à prendre pour remédier aux causes qui font, dit-il, du soldat français *un mauvais cavalier*.

La première, selon l'auteur, tient à ce que les hommes de 21 à 22 ans sont trop âgés et qu'il faudrait avoir des jeunes gens de 17 ans.

Nous convenons qu'à cet âge les dispositions sont meilleures, en ce que la souplesse est plus grande ; mais l'âge de 17 ans offrirait un inconvénient immense en ce que le travail du cavalier recrue, déjà fatigant pour un homme fait, serait compromettant pour la santé de celui dont les organes ne sont pas encore arrivés à leur entier développement. La loi est donc sage de maintenir 21 ans.

Les cavaliers recrues que nous avons formés en soixante-quinze séances avaient tous 21 ans, moins deux ou trois âgés de 19 ans, et cependant chacun sut se lier à son cheval et le dresser.

Nous ajouterons que les trois quarts n'avaient jamais soigné ni monté de chevaux avant leur arrivée au corps ; mais il faut dire qu'au bout des trois premières leçons, ils savaient, 1° se servir des rênes du bridon, 2° paralyser les défenses du cheval, 3° ce qu'il fallait faire pour tenir sur un cheval qui saute.

Sans la leçon préparatoire à pied avec le guide-bridon, que je tenais en main, pour figurer les mouvements de la tête du cheval, une rêne du bridon dans chaque main du cavalier, selon l'ordonnance, je n'aurais jamais pu indiquer aux recrues les mouvements de la tête d'un cheval et la manière de les paralyser ou de les obtenir à volonté. — Au lieu de trois jours, j'aurais mis un mois sans y parvenir avec le même succès.

Nous trouvons cependant très-sage d'avoir décrété qu'à l'avenir on prendrait de préférence, pour la cavalerie, ceux qui ont été élevés près des chevaux, les ont montés ou soignés.

Quant à la réduction de la taille, nous n'avons pas d'objection à faire, pourvu qu'on choisisse bien.

L'homme sec et musculeux de 5 pieds est, pour la cavalerie légère, le cavalier le plus convenable ; 1m,59 peuvent encore aller.

La quatrième proposition du colonel, concernant la création de *pupilles de cavalerie*, serait, selon moi, une des plus utiles institutions que l'État pourrait avoir, si l'on prenait, parmi les enfants de troupe, les mieux faits pour l'équitation.

CHAPITRE III.

DE L'AVANCEMENT.

Ce chapitre est entièrement consacré à faire ressortir l'utilité de ne donner de l'avancement qu'*au véritable mérite* et il conclut ainsi :

Faire subir un examen théorique et pratique à tout militaire en position d'obtenir de l'avancement, au choix, en temps de paix, et, de préférence, en examen public.

Cette grave question semble à première vue être étrangère à ma spécialité d'homme de cheval, néanmoins il est une phrase que je veux citer.

« Considérant d'abord l'avancement comme la récom-
« pense du soldat, nous voudrions que dans la cavalerie,
« l'*instruction équestre*, l'habileté des hommes *dans le*
« *travail individuel* entrâssent en première ligne dans les
« conditions de nomination au grade de brigadier ; sans
« négliger de s'assurer que les candidats à ce premier
« échelon de la hiérarchie possèdent les capacités vou-
« lues par les règlements. *Nous demandons en outre que*

« *la manière énergique et à la fois douce et sage de se* « *conduire avec les chevaux,* les connaissances théori- « ques et pratiques de l'hygiène, soient aussi prises en « considération pour ces mêmes nominations. »

M. le baron d'Azémar veut donc qu'on prenne en considération la *manière énergique et à la fois douce et sage de se conduire avec les chevaux.*

Dans notre école, l'instruction élémentaire commence par ces deux questions : Qu'est-ce que l'instinct ? Qu'est-ce que l'intelligence ? Et quand je suis certain que l'élève sait faire cette distinction, c'est seulement, selon moi, qu'il peut être énergique, doux et sage, à propos ; car il devient appréciateur des faits et gestes de l'animal.

Nous pensons que toute personne sage admettra ce mode d'instruction, comme l'a admis et apprécié la commission, qui s'est assurée que chaque cavalier recrue était initié non pas *au contenant, mais au contenu de la boîte osseuse,* qui a fait à Saumur, d'après l'assertion du colonel, le désespoir des officiers de son temps. Au reste, nous n'avons pas de peine à le croire, la connaissance des os de la tête n'a aucun but utile pour le cavalier, tandis qu'il n'en est pas de même de la connaissance des facultés intellectuelles.

Nous croyons qu'avant d'établir des examens pour l'avancement, surtout des examens publics, il faudrait prier son Excellence le Ministre de la guerre, si compétent en pareille matière, de faire faire une revue générale de tout ce qui charge inutilement la tête des officiers et des soldats dans l'instruction équestre, car l'instruction, dégagée d'une foule d'inutilités qui prennent la place de la véritable science, deviendrait attrayante. J'entends par véritable science, celle qui apprend aux cavaliers à conduire les chevaux en s'adressant à leurs organes, et ainsi que je l'ai dit dans mon ouvrage de la *Centaurisation*, instruire l'instructeur de telle sorte qu'il puisse apprendre au soldat à gouverner le moral et le physique du cheval et non pas son physique seulement. Pour cela, il n'est pas nécessaire de prononcer au soldat les mots effrayants de *moral* et *physique*. Il suffit de lui apprendre à distinguer les forces de l'un, de celles de l'autre.

CHAPITRE IV.

DE LA DISCIPLINE.

—

Ce chapitre plein d'intérêt renferme une foule d'anecdotes, qui prouvent que la discipline a été de tout temps nécessaire à une armée et que, parfois, elle doit être inexorable.

Dans l'application du travail équestre, la discipline doit être très-sévère, car de l'exactitude dans l'application des trois agents du cavalier dépendent le dressage du cheval et les progrès de l'homme.

C'est pour arriver promptement à l'union morale et à l'union physique des deux êtres, qu'il est indispensable d'exercer sur la mise en pratique du travail des agents, *une exigence très-grande.*

Lorsque Son Excellence le Ministre de la guerre me fit l'honneur de voir travailler les recrues et les chevaux, il s'exprima ainsi : « *On ne dira pas que ces cavaliers ne savent pas se servir de leurs jambes.* » Son

Excellence savait très-bien qu'on n'est pas fort dans l'armée sur la manière de s'en servir.

Aussi l'homme et le cheval étaient-ils à la fin des séances, tellement unis tous les deux, qu'ils semblaient faire un seul et même corps.

Quelle en était la cause ?... *La discipline appliquée à propos.*

Un cavalier qui aurait négligé de peser du côté où il allait ; de faire précéder la jambe du dehors ; de déterminer de la jambe de dedans, etc., etc. eût été mis à la salle de police.

J'appelais l'indulgence de MM. les sous-officiers sur tout, en général, excepté *sur ces préceptes* d'où dépend l'avenir équestre.... Aussi, ne craignons-nous pas de dire que les recrues formées d'après nos règles et nos principes, se rappelleront toute leur vie l'instruction qu'ils ont eue, et qu'on leur donnera de préférence à monter les chevaux les plus difficiles du régiment.

CHAPITRE V.

DE L'ÉDUCATION ET DE L'INSTRUCTION MILITAIRES.

—

Éducation militaire.

« L'éducation militaire comprend selon nous, dit le « colonel, tout ce qui peut rendre les soldats plus aptes « et plus dispos à supporter les fatigues de la guerre et « développer *leurs facultés morales*, *intellectuelles* et « *physiques* pour en former des hommes de cœur et de « bien. »

Bravo ! colonel; mais qui veut la fin veut les moyens, continuons....

« L'instruction militaire n'est que le savoir, la *connais-* « *sance théorique des règlements* et l'exécution *prati-* « *que des mouvements* prescrits par les ordonnances sur « les exercices et les évolutions. »

Oui, sans doute, et elle est excellente lorsque les règles que prescrit l'*ordonnance* sont bonnes ; mais si elles sont *mauvaises*, comment arriver à l'*exécution pratique des mouvements?* Le colonel parle ici de manœuvres ; or, celles-ci ne peuvent être bien exécutées que si les règles de la conduite du cheval par le cavalier ne font pas entrer ce dernier *en lutte* avec l'animal.

Dans ce chapitre d'un intérêt majeur, d'une justesse et d'un à-propos incontestables, sous le point de vue général, M. le baron d'Azémar, après avoir fait une revue rétrospective sur la force de l'éducation militaire des anciens et cité tous les travaux, les exercices, les petites guerres, etc., etc., auxquels on doit exercer le soldat en temps de paix pour le tenir en haleine et prêt à toute éventualité de guerre, s'écrie :

« Malgré le *tolle* dont nous sommes menacé, nous
« n'hésitons pas à conseiller de suivre la marche que
« nous traçons, persuadé que de tels travaux ne peu-
« vent que donner à l'armée une solide éducation
« militaire, un bon esprit, et éveiller, entretenir ou exci-
« ter le courage des soldats et faire naître la bravoure
« chez ceux qui n'en ont pas. »

Que le colonel relise la critique qu'il a faite de certaines parties de la centaurisation. Et qu'il me permette de lui dire... Quoi, vous craignez le *tolle* sur les excellentes choses que vous dites, et vous ne redoutez pas de l'appeler sur des modifications dans l'instruction équestre, qui rendraient efficaces les principales améliorations que vous demandez au commencement de ce chapitre !

En relisant quelques passages de mon ouvrage de la centaurisation sur l'éducation militaire, page 31, il me semble qu'elles auraient dû frapper le colonel comme corollaire de ses principes.

« Plus le jeune paysan paraît lourd et engourdi, plus il a besoin d'une instruction intelligente qui l'empêche de se concentrer davantage en lui-même, et s'il doit faire un retour intérieur, que cet examen lui donne une idée de sa force et de sa valeur. »

« Si on lui montre des qualités réelles dans le cheval
« et qu'on lui prouve qu'il doit les *diriger* et les *captiver*,
« il apprend *sans s'en rendre compte* ce que c'est que la
« vie des organes; et en même temps qu'on assouplit
« son corps, on développe son intelligence, qui découvre
« que les facultés intellectuelles du cheval ne sont rien,
« comparées aux siennes; *il connaît l'animal, il se con-*
« *naît lui-même*, etc., etc. »

Dans la question de l'éducation militaire, l'auteur appuie sur la nécessité de bien savoir faire de l'escrime, de la voltige, de savoir nager, danser, etc., etc., et de faire l'exercice des armes à cheval, le plus possible, etc. Toutes ces recommandations sont certainement très-bonnes, mais suffisent-elles ? Ne faut-il pas pour exécuter avec fruit l'exercice des armes à cheval plusieurs conditions, 1° l'obéissance du cheval; 2° l'habileté du cavalier ?

Or, il est rare qu'un bon cheval soit docile avec un mauvais cavalier, et tout aussi rare qu'un méchant cheval soit indocile avec un bon cavalier.

Pourquoi ? Parce que, dans le premier cas, le cavalier froisse à tout instant le système nerveux du cheval; chaque coup de la main, des jambes, chaque mouvement agissant en dehors des règles voulues, amènent l'irritation au cerveau de l'animal,

Et dans le second cas, le cheval méchant n'ayant aucune provocation et sentant un cavalier lié avec lui, obéit alors au sage ami qui le dirige et, au besoin, au maître qui, connaissant à fond le moral et le physique de l'animal, le force à l'obéissance et règle son travail de manière à avoir toujours avec lui une union morale, une union physique.

Après les exercices sérieux, viennent les exercices récréatifs, et nous avons été très-étonné de voir que le colonel, *qui ne comprend pas l'utilité de la dombelle* de différents poids pour obtenir la régularité de main du cavalier et la fortifier, conseille au soldat le jeu du *palet.* « Si, dans les cours ou quelque autre dépendance « des casernes, on avait un emplacement consacré aux « exercices récréatifs, dans lequel il y aurait toujours « des disques et *des palets* de pesanteurs diverses, afin « d'accoutumer progressivement le bras à lancer les « plus lourds..., etc., etc. »

Le jeu du palet a deux avantages : le premier, d'exercer la force de l'homme ; le second, de le distraire.

L'exercice des dombelles appliqué à pied donne de

la force aux muscles tout autant et plus que le jeu du palet.

Appliqué à cheval, il apprend en outre au cavalier à savoir résister non-seulement à son propre poids, mais à un surcroît amené par la dombelle tenue dans la main.

Appliqué, pour la conduite du cheval, dans la main qui tient les rênes, il a pour avantage d'apprendre au cavalier à régler la force de son poignet.

Ainsi, supposons qu'un cavalier ait à faire une sollicitation douce avec la main de la bride ; si on lui met une dombelle de trois kilogrammes dans cette main, sans qu'aucune partie de ce poids influe sur la bouche du cheval, et en outre que la sollicitation se soit faite normalement, on peut dire que le cavalier est bien maître de ses forces, puisqu'il a pu supporter un poids étranger sans que le cheval ait éprouvé la moindre atteinte sur les barres. Cet exercice conduit également l'homme à savoir combattre les déplacements de son corps, sans déranger la main de la bride.

CHAPITRE VI.

INSTRUCTION THÉORIQUE ET PRATIQUE. ÉVOLUTION A LA MUETTE.

—

« L'instruction *théorique* est le *savoir intellectuel*, la démonstration des règles contenues dans les ordonnances. »

Nous adoptons la formule de l'auteur et nous lui demanderons si le mot *intellectuel*, qu'il met à côté du mot *savoir*, peut se rapporter à la partie technique des *moyens prescrits* par l'ordonnance pour l'exécution des mouvements du cheval ?

Et c'est pour quelques préceptes à changer dans une théorie, qu'on arrêterait l'avenir de la cavalerie !....

Dans ce chapitre, l'auteur veut, avec raison, qu'on dise le mot à mot des leçons et de l'école du peloton tant à pied qu'à cheval. « Mais dès l'école de l'escadron, « le littéral, utile sans doute, parce qu'on ne saurait « mieux dire que la théorie, n'est plus indispensable. » L'auteur veut, enfin, qu'on laisse un libre cours à l'in-

3

telligence et que le récitatif de la théorie se change en une conférence utile et intéressante plutôt qu'en un débit d'une série de mots ingrats ; et, comme exemple, l'auteur cite encore le désespoir profond des officiers, quand il fallait répéter leur théorie d'anatomie, de splanchnologie, etc. La description des viscères est, en effet, difficile à retenir, mais un aperçu du mécanisme du cerveau, des organes de la respiration, sont des connaissances majeures pour le cavalier. — Il y a loin de là à l'exposé d'un traité complet.

Nous ne suivrons pas le colonel dans ses considérations *sur la boîte osseuse*, l'occipital, le pariétal, le frontal, les deux temporaux, le sphénoide et l'éthmoïde, dont le souvenir l'inquiète encore tellement, qu'il les signale sans cesse dans ses deux volumes. Nous ne sommes pas plus que lui partisan du surcroît scientifique, nous prétendons seulement que l'*étude des facultés intellectuelles et des muscles du cheval* est indispensable à faire apprendre aux cavaliers. Mais qu'on se rassure ; selon nous, la physiologie et la myologie élémentaires de homme recrue ne comprennent que neuf mots techniques nécessaires à retenir :

1° L'instinct, l'intelligence, la mémoire, la contractilité, la sensibilité, la volonté, l'expression ;

2° Les extenseurs, les fléchisseurs.

Une fois ces *neuf mots* appris dans leur sens équestre, l'application s'en fait d'elle-même sans aucun effort de mémoire.

Il y a loin de là aux sept ou huit cents mots à retenir dans l'ostéologie et la myologie, où la plupart des désignations de muscles présentent souvent trois noms différents. Constatons seulement que nous n'avons rien dit dans notre théorie de la centaurisation de tout ce fatras de science sur lequel l'auteur revient sans cesse.

M. le baron d'Azémar, qui se fait un bouclier *de la boîte osseuse* précitée, pour que les facultés intellectuelles du cheval n'entrent pas dans l'instruction équestre du cavalier, remplace ces connaissances par un enseignement varié qui laisse un champ bien vaste à la prolixité scientifique dont il ne veut pas...

Laissons-le parler :

« Apprenez le signalement simple, le signalement com-
« posé, la robe et *ses particularites*, la taille, le sexe.

« A cette première description, ajoutez la *conforma-*
« *tion,* la belle, la défectueuse.

« En quoi consiste la *beauté* ou les *défauts ?*

« L'*origine*, la *race*, l'étude de l'âge, etc.

« Quels sont les *tares* ou les *degrés d'usure ?*

« Parler *des causes de la claudication.*

« Le *genre de service* auquel le cheval est *propre*, etc.

« Connaissance *de la ferrure.....*

« Connaissance *de l'hygiène....*

« Ne pas omettre quelques notions sur *la théorie de la vision.*

« Ce genre de signalement, ajoute-t-il, nécessite UNE ÉTUDE RAISONNÉE sur l'extérieur du cheval.

« Aux officiers plus instruits on parlerait de l'*anatomie comparée.*

« Les leçons se donneraient en présence de chevaux vivants, et on ferait assister les élèves à *une autopsie.*

« Des notions sur l'*art militaire*, sur l'*art de la guerre.*

Tout cela naturellement en dehors de tout ce que nécessite l'étude de l'équitation, car l'auteur tient particulièrement à l'ordonnance. Prenez garde, colonel : votre exposé de connaissances utiles au cavalier militaire est excellent ; mais aurez-vous le temps de tout faire apprendre ? N'oubliez pas que dans l'*anatomie comparée*, vous allez trouver mille variétés de la fameuse boîte que vous n'aimez pas.

La vie des organes et les facultés intellectuelles sont des questions aussi importantes à étudier, pour le cavalier, que le mécanisme des organes du mouvement, et beaucoup plus nécessaires que la plupart des connaissances que le colonel demande à introduire comme supplément d'instruction.

Ce sont les organes des sens qui éclairent le cerveau de l'animal, et quand un cavalier est maître du cerveau du cheval, il a *le mécanisme entier* en sa puissance.

Voilà donc ce qu'il faut apprendre, non-seulement à l'officier, mais au soldat, sans mots *impossibles*, c'est-à-dire *simplement*.

L'instruction pratique, dit le colonel, comprend l'*instruction individuelle et l'instruction d'ensemble.*

« 1° Instruction individuelle.... Nous l'avons dit dans « un chapitre précédent, et *quoiqu'il nous en coûte*, il « faut bien le répéter ici : *Notre cavalerie manque de* « *l'une des qualités les plus essentielles à son instruc-* « *tion.....* DE L'HABILETÉ ÉQUESTRE. »

Vous le voyez, colonel, vous y revenez quoiqu'il vous en coûte.

Quant à nous qui n'attaquons l'habileté équestre de personne et encore moins de la cavalerie française, nous nous bornons à demander quelques modifications dans certains principes de l'ordonnance, afin que des officiers, des colonels d'un mérite incontestable n'aient plus le droit d'écrire dans un livre sérieux, en parlant de nos cavaliers militaires :

« Dans les mouvements d'ensemble, leurs chevaux « dans le rang les emportent au galop.

« Si, en général, nos cavaliers sont aussi *entrepris*, « aussi *embarrassés* lorsqu'il s'agit de manier leurs che- « vaux *individuellement*, etc., etc.»

Pour montrer combien les peuples orientaux sont meilleurs cavaliers que les nôtres, le colonel cite un article de la *Revue britannique*, qui exalte la brillante adresse et le talent des cavaliers anazéhéens (Syrie), qui conduisent le cheval avec un simple licou, *ayant une muserolle en fer*,.... chargent l'ennemi, arrêtent et tournent leurs chevaux à volonté.... Et qui conclut en disant du cavalier anglais : *parfait dans un manége, bon à rien au dehors*. Et le colonel a soin d'ajouter « ce qui vient « d'être dit du cavalier anglais, est de tout point ap- « plicable au cavalier français...... Mais d'où vient le « secret de cette supériorité et de celle de toutes les races « orientales, sur nous, européens ? C'est qu'ils montent à « cheval dès l'âge de cinq à six ans, c'est qu'ils sont « aussi patients et aussi doux avec leurs chevaux « que *les Français et les Anglais sont impatients et* « *durs.* »

« Le cheval arabe naguère, si bien mené par l'Arabe, « s'il est mis entre les mains des Français ou des An- « glais devient enclin à l'indocilité et à la résistance.

« Nous sommes donc inférieurs sous ces divers rap- « ports aux cavaliers orientaux, et de plus, le système

« suivi jusqu'à présent *dans le recrutement des cava-*
« *liers comme dans leur instruction individuelle* n'était
« pas fait pour nous relever de notre infériorité. »

Tout d'abord, nous répondrons que l'Arabe, comme le dit fort bien le colonel, est accoutumé dès l'enfance à l'exercice du cheval et nous ajouterons à monter sur une nature agile et souple...., tandis que nos chevaux sont lourds et roides à peu d'exception près, que les chevaux anglais sont perçants et éloignés de leurs leviers au lieu d'être ramassés sur eux comme le cheval arabe; enfin la comparaison n'est pas admissible entre ces chevaux de pays différents. Tandis que chez l'un, la nature a tout fait pour la souplesse; chez l'autre, l'art de l'homme a tout fait pour l'en éloigner... Et l'auteur s'étonne en présence de ces contrastes, que si le cavalier d'Europe monte le cheval d'Orient, il n'en tire pas le même parti que le cavalier d'Orient. Mettez donc ce dernier sur le cheval anglais et vous verrez les résultats que vous obtiendrez !

L'Arabe, dites-vous, colonel, a su prendre de l'ascendant sur le moral de son cheval, et vous vous étonnez également que le cavalier français ne sache pas en prendre... Oubliez-vous que l'Arabe considère le cheval autant et quelquefois plus que son propre enfant.... Que chacun des membres de la famille parle à ce cheval comme à un des siens, qu'il n'est pas un Arabe qui ne sache faire la distinction des différentes manières dont le cheval exprime sa pensée...... Et que c'est alors par tous ces motifs qu'il peut favoriser les élans intérieurs de ce cheval guerrier ou les combattre avec une juste appréciation.

Il ne faut donc pas s'étonner si notre ambition, à nous, est de donner au cavalier français un peu de cette science physiologique que l'Arabe a puisée dans l'expérience de son père, et cela de père en fils depuis des siècles...... Nous prétendons que cette science, si naturelle et si facile à acquérir, doit entrer dans les mœurs, les goûts, les habitudes des soldats français, comme elle existe déjà dans ceux des Arabes.

Prenons une autre question.

Est-il nécessaire de monter dès l'âge de cinq ou six ans pour être bon cavalier? Non, certainement; mille exemples viennent à l'appui de cette négation de notre part; l'Arabe qui monte dès l'enfance est plus lié à son cheval et suit mieux les mouvements, cela est incontestable..... Mais tout le monde est d'accord aussi qu'il est le bourreau des membres de son coursier, qu'il le monte aussi durement qu'il a de prévenance et de douceur pour lui dans l'habitude de la vie.....

Les chevaux sont plus ou moins tarés chez les peuples orientaux qui les montent trop jeunes, et s'ils se plient aux exigences des évolutions du cavalier,... cela tient en grande partie à leur structure et au genre de mors qui les gouverne,.... et, comme conséquence, nous dirons que la structure et l'éducation de nos chevaux étant différentes de celles des chevaux arabes,... nous avons besoin *d'une autre équitation* , d'une autre *instruction.*

L'auteur termine ce chapitre par cette observation :

« L'instruction provisoire sur le travail individuel, due « à la sollicitude de M. le maréchal comte Randon, « Ministre de la guerre, et mise en essai dans les régi- « ments cette année 1860, est déjà un acheminement vers « un système meilleur; en élaguant toutefois de ce projet, « dit le colonel, ce qui est trop compliqué, trop diffi- « cile, trop savant ou pas assez individuel. »

C'est parce que le Ministre de la guerre sent la nécessité d'améliorer l'instruction équestre, que tous ceux qui sont en position de seconder ses efforts dans quelques limites que soient restreints leurs moyens d'action, doivent à Son Excellence tout leur dévouement dans l'œuvre patriotique qu'il a entreprise.

Instruction d'ensemble.

L'auteur recommande le silence pendant les manœuvres, et appuie sur la nécessité de forcer chaque officier à rester à sa place tant que dure le travail, etc., etc.

Évolutions à la muette.

Cette question n'est pas plus de notre compétence que la précédente.

CHAPITRE VII.

DE LA PROPORTION RELATIVE ENTRE LES CAVALIERS D'ESPÈCES DIVERSES.

—

Proposition d'organiser un bataillon de zouaves montés.

Nous arrivons à des questions sur lesquelles l'auteur paraît avoir des idées très-arrêtées, et, après l'avoir lu attentivement, nous avons cependant quelques doutes.

« Donnera-t-on la préférence à la grosse cavalerie ou « à la cavalerie légère ? ou bien n'aura-t-on qu'une ca- « valerie mixte armée de fusils, combattant également « à pied et à cheval ?

L'auteur tranche, de prime abord, cette première question en faveur de la cavalerie légère, et nous croyons qu'il est dans la vérité.

Aujourd'hui, on fait des armes à feu qui vous atteignent à des portées extraordinaires; il est donc évident que la vitesse doit être recherchée dans la cavalerie, et que la cavalerie légère remplit mieux ce but que la grosse cavalerie ; mais toutefois il se rencontrera des occasions où cette dernière culbutera l'ennemi tandis que la première n'aura pu rien faire.—Le poids dans une charge à fond doit entrer pour beaucoup, et d'ailleurs ne trouvera-t-on pas le moyen, un jour ou l'autre, de rendre plus invulnérables qu'ils ne le sont aujourd'hui hommes et chevaux de la cavalerie de réserve, sans augmenter, d'aucune manière, la charge des chevaux et des hommes ?

« On sent, dit l'auteur, que la cavalerie a besoin « d'acquérir plus de vitesse et de rapidité dans ses « mouvements. »

Le colonel cherche alors des moyens pour augmenter la vitesse des chevaux de troupe, et il propose des courses de fond.

« Pour arriver à ce résultat prévu (la vitesse), on cher- « chera avant tout à rendre l'allure du galop plus vite « et plus parfaite : plus vite, en exerçant les chevaux à « des courses de fond, car il faut qu'ils puissent arriver « vite et loin ; *plus parfaite, en perfectionnant l'instruc-* « *tion individuelle des cavaliers*, et en donnant plus de « liberté et d'aisance aux mouvements du cheval. »

Les courses de fond ont été conseillées en France il y a déjà longtemps.

C'est en 1843, à Mezières-en-Brenne, qu'une institution, d'un avenir immense pour le cheval de guerre, a commencé ses premiers hauts faits, qu'elle a dû abandonner faute d'encouragements.

Des coureurs ont fait franchir sur cet hippodrome dix tours, soit vingt kilomètres en 32 minutes 53 secondes par des chevaux de pur sang, et en 43 minutes environ pour ceux de demi-sang.

Ces luttes de fond, par une anomalie que nous ne comprenons pas au point de vue de l'utilité générale, ne furent pas secondées par l'administration des haras, qui ne voulut accorder ses prix qu'à la condition formelle que les dix tours se feraient en 34 minutes.

« Quant à la durée du parcours (vingt mille mètres),
« je l'ai fixée à trente-quatre minutes.

« *Signé :* L. CUNIN-GRIDAINE. »

Cette condition avait pour inconvénient de rendre les courses *tout à la fois* courses *de fond et de vitesse*, au lieu d'être seulement de fond. Aussi fut-il impossible de les continuer sous l'empire d'un tel règlement.

Nous partageons complétement l'opinion du colonel sur cet article ; c'est par les courses de fond qu'on formera les chevaux à parcourir des trajets de longue haleine avec une rapidité qui *n'exigera pas* un régime aussi particulièrement propre à donner de la vitesse, au détriment souvent de la résistance que demande une course prolongée ; on apprendra en même temps au cavalier à savoir mesurer les forces de son cheval sur le temps *raisonné*, qui sera accordé pour franchir l'espace désigné.

Le second moyen pour obtenir de la rapidité serait, dit l'auteur, de diminuer le poids du cavalier en abaissant la taille. Nous avons déjà donné notre opinion à ce sujet.

L'auteur propose aussi un nouveau genre de selle. Cette question est grave, c'est une des plus difficiles à résoudre, puisque les structures ne sont pas pareilles. Or, le cheval en campagne, blessé par la selle, ne peut plus être utilisé, car de jour en jour le mal augmente avec la cause.

Dans la confection d'une selle, on doit considérer le garrot, le dos, les reins d'un cheval, et, dans ces trois parties, la hauteur et la maigreur, la longueur, la brièveté, l'ampleur, etc., etc., etc.; il faut aussi considérer le poids de la selle, sa longueur proportionnée à la largeur et à la hauteur de l'animal, puis l'aisance du cavalier, qui ne doit jamais courir le risque d'être blessé d'aucun côté.

L'auteur ne demande pas que la cavalerie de réserve soit supprimée; il ne s'agit pour lui que d'augmenter la cavalerie légère et de la rendre encore plus vite.

Proposition d'organiser un bataillon de zouaves montés.

« Vouloir que des soldats de notre armée soient en « même temps *cavaliers habiles* non moins que *fantassins bien exercés* est chose *impossible*... nous le disons « sans hésiter, etc. »

L'auteur propose de l'infanterie montée sur des chevaux

de petite taille et demande de préférence, pour cette nouvelle troupe, que l'on prenne des zouaves : « Donnez-« leur des chevaux corses, de petits chevaux arabes ou « bretons, des chevaux de la Camargue, et *vous verrez « merveille.* »

Si c'est sous le rapport de *la curiosité*, que veut dire le colonel, certainement ; mais si c'est pour se transporter *vite*, les chevaux seraient mal choisis, et de prime abord, cette cavalerie bizarre semblerait être faite exprès pour embarrasser le corps d'armée qu'elle accompagnerait.

Ces fantassins, tantôt à pied, tantôt à cheval, seraient rompus dès la première journée de campagne.

Nous pensons que cette question sera très-étudiée avant que d'être adoptée ; aussi n'est-ce qu'à titre de renseignements et sous toute réserve que nous en dirons quelques mots. Tout d'abord, et le colonel le signale en commençant, ces soldats ne seraient ni bons cavaliers ni fantassins exercés.

Que seraient-ils donc ? et voyons alors s'ils compenseraient une partie des sacrifices qu'ils coûteraient à l'État. A combien d'abord s'élèverait le nombre de ces cavaliers ? Chaque zouave exigerait deux chevaux et un homme, c'est-à-dire *deux combattants* pour un et *deux coursiers*. L'heure venue pour le combat, quelle responsabilité pour le chef !... Croit-on que l'ennemi ne se tiendra pas sur ses gardes, et qu'il laissera le temps de former ces quelques hommes épars ?

Qui osera dire que ces zouaves, quelque exercés qu'ils soient à monter à cheval, n'auront pas les jambes engourdies quand il faudra quitter ces poneys, plus propres au service de la vallée de Montmorency qu'à celui pour lequel le colonel voudrait les employer !

Le nombre de cette cavalerie mixte ne peut être que limité, et, alors, qu'on considère les sacrifices qu'on aurait à faire pour avoir, en un moment donné, à l'improviste, quelques fantassins *mal exercés* de plus : en un mot, ce serait pour la perspective d'un maladroit fantassin à opposer à l'ennemi qu'on entretiendrait deux hommes et deux chevaux. Ne vaut-il pas mieux s'en tenir à des dragons, comme ils existent partout, en introduisant dans ces corps les améliorations que l'expérience a fait connaître.

CHAPITRE VIII.

DE L'ARMEMENT DE LA CAVALERIE.

—

Nouvelle composition des escadrons.—Création de cavaliers francs-tireurs.

Ce chapitre est entièrement consacré à l'examen des armes les plus utiles à la cavalerie. — Le colonel donne à la lance le plus beau rôle, à cette lance si bien portée par un de nos grands maîtres, M. de Pluvinel, la première lame de son siècle et le meilleur écuyer de la cour de Louis XIII.

Le colonel demande deux pelotons de vingt ou seize hommes par chaque escadron; ces cavaliers seraient armés de fusils, se tiendraient l'un à la droite, l'autre à la gauche de l'escadron, ce qui ferait cent quatre-vingt-douze cavaliers au moins par régiment de six escadrons. Ils prendraient le nom de *francs-tireurs.*

Nous applaudissons à cette idée plutôt qu'à celle de zouaves montés; et quoique notre opinion soit de peu de valeur en cette circonstance, nous dirons franchement que nous ne comprenons pas pourquoi on n'aurait plus, comme on l'a toujours eu, des cavaliers pouvant aller à pied, aussi bien que des *zouaves* pouvant aller à cheval, et nous prétendons *qu'un cavalier* allant à pied *se délassera*, tandis *qu'un fantassin* allant à cheval *s'éreintera*, et dans cette question, pour nous, le seul point délicat, le seul difficile, serait l'adoption du costume qui devrait être approprié à la plus grande commodité de la marche. On pourrait organiser ces francs-tireurs en cavaliers mixtes qui rendraient de grands services ; en effet, ces hommes iraient dans des endroits où les chevaux ne pourraient aller, et souvent leur prépareraient les voies, en trouvant les endroits abordables.

Nous croyons que les autorités sur lesquelles s'appuie le colonel pour dire... *de l'infanterie à cheval tant que vous voudrez,—de la cavalerie à pied, jamais...* étaient elles-mêmes de fort mauvais piétons et d'excellents cavaliers, trop bottés, trop éperonnés pour pouvoir marcher. Mais si, au lieu de bottes, on donne aux cavaliers-fantassins des guêtres en peau avec des éperons très-courts à molettes piquantes, on aura la chance d'avoir, si cela est possible, et à la condition qu'ils seront exercés aux deux usages, des cavaliers pouvant marcher et des fantassins sachant monter à cheval.

Encore un mot, et nous avons fini sur cette question : pourquoi demander de la vitesse et s'enlever la possibilité d'en obtenir, en montant, d'après l'idée du colonel, l'arme mixte avec des poneys corses, de la Camargue, etc., etc. ?

Nous croyons, au contraire, que, si on organise une nouvelle catégorie de cavalerie, il faudra que ces hommes d'élite, qui auront la mission d'être toujours là où il y aura possibilité d'approcher de l'ennemi, soient montés de telle sorte que les conditions de l'*arrivée sur lui* et de la *retraite* remplissent le programme de la création nouvelle, qui sera de tomber sur l'ennemi à l'improviste et de battre en retraite lestement, pour revenir l'instant d'après, si cela est nécessaire.

Avec de petits chevaux, on ne triomphe pas des obstacles, on ne les franchit pas. Sur dix chevaux corses devant un fossé ou une haie, neuf seront arrêtés, et, sur la même quantité de chevaux de bonne taille, neuf passeront, un seul restera.—Telle sera la chance entre le choix des uns ou des autres.

CHAPITRE IX.

DE LA TACTIQUE MODERNE. — RÉFLEXIONS GÉNÉRALES.

—

Nous mentionnerons ici de nouveau que nous ne nous occupons dans notre examen critique que des parties qui concernent l'*équitation*, laissant à d'autres plus habiles que nous le soin de parler avec le colonel, si compétent en la matière, des questions graves qu'il a entrepris de résoudre.

Dans cet intéressant chapitre, l'auteur fait une revue de tous les faits de l'histoire militaire qui ont pour but d'arriver à la mise en pratique de la pensée humanitaire qui suit : « Adopter tout ce qui tend à abréger la guerre « et à la rendre moins meurtrière... tel est le grand « problème que doit se proposer la tactique moderne; et « si l'art militaire parvient, de nos jours, à la résoudre, « il aura rendu à l'humanité le service le plus éminent. »

Et sa première donnée pour la solution si désirée est l'adoption de ce grand principe.

« Il faut joindre l'ennemi pour le vaincre ; plus les

« mouvements sont lents, plus l'action est meurtrière et « douteuse. »

Conséquent avec nous-même, nous n'examinerons pas avec l'auteur les systèmes de guerre qu'il passe en revue peut-être un peu rapidement, remplaçant tout ce qu'il aurait à dire de bon, et cela dès les premières pages de son intéressant ouvrage, par un luxe inusité de citations anciennes et modernes, fatigant pour ceux qui sont peu accoutumés à cette manière d'étudier l'histoire,—et les privent en outre de connaître l'opinion raisonnée de l'auteur.

Quoi qu'il en soit de cette observation, nous pouvons affirmer qu'après avoir lu une première fois l'ouvrage du baron d'Azémar, nous en reprendrons la lecture avec la certitude d'y trouver encore de nouvelles satisfactions.

CHAPITRE X.

DE LA TACTIQUE ACTUELLE DE LA CAVALERIE ET DE SON AVENIR.

—

Voici des questions entièrement à l'état d'étude, et le colonel s'exprime ainsi en les posant : « Quelle sera l'in-« fluence des armes de précision, des armes à longue « portée, sur la tactique générale et spécialement sur la « manière de combattre de la cavalerie ? »

L'auteur attaque nettement ces questions, qu'il nous paraît avoir sérieusement étudiées.

« 1° *En marche* ou dans les camps, près de l'*ennemi*, mais hors de portée des armes à feu. »

Il paraît, dit-il, évident que dans ces positions le service de la cavalerie sera le même à l'avenir que par le passé.

« 2° *En présence d'un corps ennemi* composé de « troupes à cheval seulement, la cavalerie n'ayant à « combattre que de la cavalerie, sans avoir à craindre la « longue portée des armes à feu de l'infanterie, ni de

« l'artillerie, mais ayant affaire à des troupes armées « comme elle. Il nous semble encore évident qu'il n'y « aura rien de changé dans ces rencontres assez fré- « quentes à la guerre, etc., etc.

« Ce ne sera donc pas *dans les combats de cavalerie « contre cavalerie* que l'importance de cette arme sera « diminuée. »

« 3° Si la cavalerie se trouve *en présence d'un corps « d'infanterie* et qu'elle ait l'ordre d'attaquer, le combat « peut avoir lieu dans diverses positions. »

Supposons, dit le colonel, que la cavalerie soit à mille mètres,.... qu'elle fasse sept cents mètres *au trot*, *au galop* deux cents, et commence *la charge* à cent mètres, distance plus longue que n'indique l'ordonnance.

On aura approximativement, pour sept cents mètres au trot,.. 3 minutes ; pour deux cents mètres au galop... 1 minute.... puis la charge.

Le colonel calcule d'après les données connues que, pendant ces *quatre minutes*, deux bataillons d'infanterie peuvent tirer *vingt-quatre mille balles* qui ne mettront que *vingt-quatre* cavaliers hors de combat.... et il suppose qu'avec de meilleures armes elles atteindront *cinquante hommes.*

Maintenant, ajoute-t-il, si l'infanterie tire *tôt*, elle pourra commencer son feu à 1000, 600, 500 ou 400 mètres ; elle tirera mal et sera rompue et enfoncée.....

Pour qu'elle tire bien, il faut qu'elle ne tire sur la cavalerie que lorsqu'elle la voit à 30 *ou 40 mètres.*

L'auteur en conclut alors que dans ce cas, lorsque la cavalerie doit combattre de l'infanterie seule, la longue portée du fusil ne change rien à sa tactique.

Il nous est impossible d'être de cette opinion, et voici nos raisons : d'abord, nous croyons qu'avec l'amélioration des armes arrivera comme conséquence un perfectionnement dans la manière de tirer, et que nous ne sommes plus au temps où les balles de tout un bataillon passeront par-dessus la tête d'un régiment tout entier ; nous croyons qu'il viendra un moment où le soldat tuera à toutes les distances, qu'il tire à 300 mètres comme à 100 mètres. D'ailleurs, qui empêchera d'avoir des pelotons de tireurs spécialement chargés d'atteindre la cavalerie à toute bonne portée ? Le colonel connaît très-bien l'étude sanguinaire mais inévitable des volontaires anglais sur les troupes magnanimes du roi de Naples.... Tous les soirs, chacun des volontaires faisait l'énumération des fantassins ou cavaliers jetés par terre à des distances dépassant mille mètres. Mais supposons que le calcul par lui-même soit exact, en prenant pour exemple *le passé.* Ne peut-il pas se faire que cette distance soit parsemée d'obstacles de tous genres qui arrêtent la marche, sans pour cela préserver les cavaliers de la vue des tireurs ?

En un mot, la cavalerie trouve-t-elle toujours, sur un parcours de mille mètres, un terrain uni qui permette de les franchir en *quatre minutes?* Nous croyons donc qu'il est bien difficile de baser ses calculs sur les chiffres présentés, et, pour nous convaincre, nous attendrons de plus concluantes explications.

Le colonel nous semble être dans le vrai à la fin du chapitre, lorsqu'il dit : *qu'en raison de la portée des armes*, que *toute cavalerie lancée à la charge ne doit plus songer à la retraite*, « car si, dans l'hypothèse sur « laquelle nous raisonnons, la cavalerie tournait le dos, « elle serait trop longtemps exposée aux balles de l'in- « fanterie et ne pourrait se rallier. »

La conclusion de l'auteur se réduit à ceci :

« Dans l'attaque de l'infanterie par la cavalerie, la nou- « velle portée du fusil ne change rien.

« Tout escadron lancé à la charge devra la pousser à « fond. »

Pour la première question, nous pensons *non*, *elle change tout;* pour la seconde, nous pensons *oui*.

CHAPITRE XI.

MÊME SUJET. — AVENIR DE LA CAVALERIE.

—

Le dernier chapitre du premier volume a pour but de prouver que la cavalerie bien dirigée produira des effets terribles. Et l'auteur groupe, comme dans chacun des chapitres précédents, une foule de faits tirés des guerres glorieuses de la France contre les puissances qui l'entourent: «*Ainsi est-elle et sera-t-elle toujours nécessaire.*»

J'ai entendu dire par un excellent officier de cavalerie qu'une armée sans une cavalerie mourrait de faim en campagne.... Cette raison, ajoutée à toutes celles que donne le colonel, doit donc rassurer ceux qui n'ont pas foi dans l'avenir qui est réservé à la cavalerie.

L'auteur, après avoir énuméré tout ce qu'il voudrait qu'on fît pour rendre la cavalerie parfaite..... dans le recrutement, dans l'éducation militaire, dans l'instruction et l'habileté équestre, etc., etc., etc., semble oublier qu'il a fait *tout un volume* sur ces questions, et va dire réellement maintenant ce qui selon lui manque à la cavalerie.

« *Une seule chose manque à la cavalerie actuelle;* « *elle n'est pas aguerrie,* » etc., etc. Elle n'a pas vu « l'ennemi, elle n'a pas fait le coup de sabre, etc., etc.»

Il nous semble que tout ce qu'il a dit dans son volume s'adresse bien à notre cavalerie actuelle et non pas à celle de nos voisins. Il me semble aussi que nos officiers d'Italie avaient tous fait la guerre d'Algérie sans compter celle de Crimée. Mais la cavalerie n'eût-elle pas vu le feu, ce fait que M. le baron d'Azémar constate s'adresse à toute armée qui n'a pas fait la guerre.

Or, la cavalerie étant dressée en temps de paix à la petite guerre, les chevaux sont prêts, et quant aux hommes, ils le sont toujours.

Le prince de Prusse Frédéric-Charles a dit, nous rappelle l'auteur, dans le chapitre qui précède celui-ci :

« Toute l'éducation du soldat français repose sur le « principe de la supériorité *de la force morale* sur *la* « *force physique*, principe qui devient bientôt familier « au soldat comme au général. »

Ce que le prince dit du soldat français est le principe fondamental, la principale base de toute bonne théorie.

Si en équitation, par exemple, au lieu de favoriser chez le cavalier *la force morale* qui lui permet de régler ses forces pour dominer et diriger celles du cheval....

on abandonne l'homme à lui-même sans lui donner la connaissance de la force morale de l'animal qu'il doit diriger, comment veut-on que la lutte qui va s'établir entre l'ignorance du cavalier et l'instinct de l'animal ne tourne pas au détriment, souvent, de l'un et de l'autre ?

C'est là, et le colonel peut en être certain, la première cause du mal qu'il proclame à chaque instant en disant :.....

Le Français est mauvais cavalier. La cavalerie manque d'habileté équestre.

Notre critique ne peut donc être douteuse,... elle se résume vis-à-vis de l'instruction militaire des cavaliers :

1° *Dans l'absence des connaissances élémentaires de la physiologie, qui ne joue aucun rôle dans l'instruction du cavalier; connaissance de l'instinct; connaissance de l'intelligence du cheval et de ses autres facultés ;*

2° *Dans celle de la partie myologique élémentaire*, de telle sorte que les puissances musculaires du cheval sont à chaque instant sollicitées en sens inverse de leur jeu ;

3° *Enfin, dans l'oubli de la marche du centre de gravité du cheval*, marche qui n'est pas prise pour règle dans la conduite de l'animal.

Éclairons le cavalier sur ces questions, sans phrases savantes, sans mots techniques, et nous verrons dès les premiers rapports de l'homme recrue avec le cheval neuf,... se développer la supériorité de la force morale du premier sur la force physique du second.

Nous avons suivi pas à pas le colonel dans son premier volume, et de tout ce qu'il a dit nous espérons tirer parti pour notre instruction particulière; chez lui le style est attrayant et l'érudition très-grande.

DEUXIÈME PARTIE.

SECOND VOLUME DE L'AVENIR DE LA CAVALERIE.

CHAPITRE XII.

PRÉLIMINAIRE DU SECOND VOLUME DU BARON D'AZÉMAR.

Ce second volume commence ainsi :

« *L'ordonnance tactique* de la cavalerie, du 6 décem-
« bre 1829, a été l'objet de nombreux commentaires ;
« on a vu successivement paraître *un livret de com-*
« *mandement*, des *modifications*, des *observations*, des
« *progressions*, une théorie de *centaurisation*, des évo-
« lutions *complémentaires*, etc., etc., etc.

« Tout en reconnaissant le mérite de la plupart de
« ces écrits, dus à la plume de nos meilleurs tacticiens,
« de nos plus habiles manœuvriers, de nos maîtres en
« instruction théorique et pratique, *nous nous sommes*

« *demandé* si ces publications étaient de nature à amé-
« liorer, par leurs propositions, la tactique élémentaire
« de la cavalerie. »

L'auteur ajoute que, jusqu'à présent, le règlement tactique a résisté à toutes les propositions, et qu'il est de ceux qui pensent qu'on ne doit toucher *qu'avec une grande réserve* à notre *ordonnance*.

Nous sommes de l'avis de M. le baron d'Azémar, quant à la question de procéder *avec une grande réserve*, et nous nous appuyons sur l'opinion qu'il donne lui-même à l'égard de *l'habileté équestre de la cavalerie*, pour demander à modifier, dans certaines parties, l'ordonnance de la cavalerie du 6 décembre 1829. — Mais nous différons avec l'auteur.... quand il ajoute :

« Nous croyons que l'on a raison de maintenir dans
« toute leur intégrité *les principes immuables* de ce
« code d'instruction tactique, sauf à en coordonner les
« détails et à les mettre en rapport avec les progrès
« des sciences et de l'art militaire. »

Nous avouerons qu'il nous paraît difficile de comprendre ainsi la question... En effet, est-il possible toujours de coordonner les détails d'une instruction avec les progrès des sciences et de l'art de la guerre, en se servant de *principes immuables* qui peuvent être bons pour ce qui a précédé, mais qui peuvent être aussi très-contraires aux nouvelles applications que les progrès amènent forcément ?

Le colonel ne doit pas s'étonner qu'on demande des modifications sur l'ordonnance de 1829, puisqu'il attaque de son côté une foule de lois et de règlements acceptés sur les principales questions de la cavalerie, tant sur le rapport de sa constitution que sur celui de son organisation et de son travail.

Nous ne nous rappelons pas avoir vu d'écrivains aimant plus les modifications que le colonel. — Premièrement, il attaque la base principale du recrutement pour la cavalerie, *l'âge*. — Il modifie la taille des hommes. — Les droits à l'avancement par *des examens publics*. — Il donne ses idées sur la discipline ; — sur l'éducation ; — sur l'instruction des cavaliers ; — sur la proportion relative des cavaleries d'espèces diverses ; avec des zouaves montés sur des poneys corses, etc., il fera merveille !... Il demande la formation de pupilles ; — il veut qu'on fasse jouer les soldats au palet ; — il demande que la théorie devienne conférence dès qu'il s'agit de l'école d'escadron. Nous n'en finirions pas si nous entreprenions de récapituler tous les changements, modifications, suppressions, additions de tous genres, etc., etc., proposés par le colonel, et nous aimons mieux nous arrêter..... Car nous ne voulons pas qu'on nous accuse de trouver mauvais qu'un homme de cœur dise son avis sur telle ou telle partie d'une administration quelconque de l'État. — Nous voulons ce droit pour les autres comme pour nous, et cela dans l'intérêt du Gouvernement lui-même.

CHAPITRE XIII.

EXAMEN DU CHAPITRE VIII DU SECOND VOLUME.

—

L'auteur commence ainsi : « Ce que nous avons écrit « en juillet 1859 sur l'instruction de la cavalerie, et « notamment sur la nécessité de donner aux cavaliers « une *instruction individuelle, solide*, afin de les mettre « à même de conduire en campagne, dans tous les ter- « rains et dans toutes les positions, — isolément et en « troupe, — leurs chevaux avec hardiesse, énergie et « habileté, et à manier leurs armes avec adresse et « facilité à toutes les allurés; ce que nous avons dit « *dans le cours de ce travail* sur le même sujet a déjà « fait pressentir avec quel empressement nous avons dû « accueillir l'*instruction provisoire sur le travail indivi- « duel*, approuvé par Son Exc. le ministre de la guerre, « avec l'autorisation de l'Empereur, pour être appliquée « dans tous les corps de cavalerie. »

Nous sommes bien aise de mettre sous les yeux du lecteur tout ce que veut le colonel, et cet alinéa, on l'avouera sans peine, serait très-complet, s'il n'y manquait la principale chose :

La manière d'obtenir tout cela... Car il ne suffit pas de dire à un capitaine : Conduisez vos hommes par ici, par là, en troupe, isolément ; maniez vos armes avec adresse, vos chevaux avec habileté. Mais si le colonel, au lieu de ces phrases prescrites aux cavaliers depuis deux mille ans, ajoutait au capitaine et à ses hommes : Ayez soin dans tous les mouvements de faire précéder la jambe du dehors et de déterminer de la jambe du dedans ; pesez du côté droit quand votre cheval tourne à droite, du côté gauche quand il tourne à gauche ; entrez dans la selle au départ... pendant la défense... quand vous arrêtez votre cheval.., et ne vous grandissez pas dans ces moments-là, car vous quitteriez la selle ; ne baissez pas la main au départ, mais avancez-la, etc., etc., etc. Oh ! alors, le capitaine s'en irait content par ici et par là, car on va partout avec de tels principes, que l'auteur, je le dis en le regrettant, ne trouvera pas dans l'ordonnance de 1829.

Le colonel se félicite, dans le même alinéa, d'avoir pressenti dès 1859 l'apparition d'une *instruction provisoire sur le travail individuel*, et il se hâte de proclamer l'avenir du nouveau-né qu'il presse à l'étouffer entre ses bras vigoureux. « *Acheminement vers un système meilleur, s'écrie-* « *t-il, en élaguant toutefois* de ce projet *ce qui est trop* « *compliqué*, *trop difficile ; trop savant* ou *pas assez in-* « *dividuel.* » Si c'est ainsi que le colonel formule sa satisfaction quand il est content d'un ouvrage, que serait-ce donc s'il était mécontent ?

M. le baron d'Azémar ne veut ni serpentine, ni croix de Malte ou de Saint-Louis.

Nous ne pouvons comprendre une instruction équestre sans la serpentine, et le militaire qui l'exécute bien comprend mieux qu'un autre le travail sur la ligne droite, car ce mouvement amène trente fois dans la longueur du manége le cavalier à faire agir simultanément et avec accord, les trois agents, la *main*, le *poids du corps*, les *jambes*, et c'est par cette figure principalement et celles qui lui ressemblent qu'on assouplit le cheval et le cavalier tout à la fois, en les amenant l'un et l'autre à l'union physique et morale.

L'auteur est, comme nous, de l'école des d'Abzac, et il veut qu'on suive également les préceptes de ceux qui marchèrent à côté de lui, Bohan, d'Auvergne, Mottin de la Balme ; mais que le colonel ne croie pas qu'il y avait entre ces maîtres *homogénéité de principes et de préceptes.* Loin de là ; jamais M. d'Abzac n'eût permis à un cavalier de l'école de Bohan de se faire passer pour un élève de Versailles, sans l'avoir replacé à cheval, non-seulement dans une partie de son corps, mais dans toutes.

Nous avons fait l'étude comparative des principes des maîtres anciens et modernes, et nous croyons qu'il est impossible de porter un jugement équitable sur la bonté des principes de chaque écuyer, sans avoir fait préalablement ce travail : nous avons vu avec un pénible étonnement que souvent ces maîtres variaient d'opinion sur les questions les plus simples.

Nous ne pouvons laisser passer, sans la mentionner, une citation de M. le baron d'Azémar tirée de l'ouvrage de M. de Bohan.

Ce maître, en parlant de certains écuyers célèbres, s'exprime ainsi, pages 141 et 147 : « Que de *millions* de « chevaux ont été estropiés et usés avant d'en trouver un « capable d'exécuter les *singeries* que nous ont fait des- « siner MM........ sous les noms baroques de *passades*, « *pesades*, *balotades*, *falcades*, *Mézair*, *repolon*, etc.! « C'est de ce *jargon prétentieux* que j'entends surtout « me préserver dans mon école. »

Tout d'abord, remplaçons *millions* par *centaines* et demandons en quoi les noms de passades, pesades, balotades, etc., impliquent un *jargon prétentieux*.

Fera-t-on aux grands maîtres le reproche d'avoir recherché tous les mouvements que, dans sa liberté complète, le cheval exécute naturellement et qu'il répète souvent pour désarçonner son cavalier?

Leur fera-t-on le reproche d'avoir introduit ces mouvements dans les écoles, de les avoir mis à l'étude des élèves, pour leur apprendre d'une part à les obtenir,... d'autre part à les paralyser?

Loin de moi de vouloir ramener des airs de manége que l'état de langueur équestre dans lequel nous vivons empêcherait de comprendre : mais si je garde le silence sur ce sujet, on trouvera tout naturel, je le suppose, que je réclame pour l'équitation le même droit que pour tous les autres arts et autres sciences.

Or, ne faut-il pas que l'équitation ait un nom pour chacun des mouvements mis à l'étude, ainsi que nous le disions tout à l'heure?

M. de Bohan s'est-il rendu un compte exact de ce que voulait dire *passades?*

A-t-il eu alors la prétention de supprimer la *charge au galop terminée par une demi-volte sur les hanches?*

Telle était et est encore *la passade*, rien de plus, rien de moins, c'est-à-dire *une figure de basse école.*

Si nous examinions séparément chacun des termes précités, nous y trouverions une instruction très-grande pour la pratique et non pas *des singeries*, car il n'est aucune des figures, aucun des mouvements de l'ancienne école qui n'ait eu sa raison d'être ; et nous ajouterons que le colonel ne peut passer au galop devant le front de ses escadrons en bataille sans exécuter plusieurs fois *le repolon.*

Nous sommes d'avis de ne rien demander d'extraordinaire au simple soldat; mais nous pensons que, dans une école unique, impériale, *Académie nationale* comme il en faudrait une en France, les grandes difficultés équestres devraient y être recherchées par les écuyers sous les yeux des élèves, ne fût-ce que pour empêcher *l'art et la science* de l'équitation de rétrograder, au lieu de progresser.

On peut, sans grande dépense, appliquer sur des chevaux sans valeur les expériences scientifiques *utiles à* l'*instruction*, et quand même il en coûterait quelques chevaux de plus par an, pour l'utilité d'un grand pays, où serait le mal en présence du bien qu'il en adviendrait ?

Sacrifions donc quelques vieux restes de chevaux plutôt que d'éteindre l'émulation qui donne seule le progrès : ce sera sauvegarder la race entière et empêcher de rester inactifs dans la science la plus utile à la cavalerie !.. Qui nous dit que l'équitation est à son apogée ?

Pour nous, bien convaincu que la vie d'un écuyer ne suffit pas pour embrasser tout ce qui se rattache à cette étude et y devenir célèbre, nous continuerons nos travaux et nous nous estimerons très-heureux s'ils peuvent être, un jour ou l'autre, de quelque utilité à la vaillante et intelligente cavalerie de notre pays.

Nous ne répondrons pas à quelques observations critiques, sans aucune portée pour l'avenir de l'équitation, que le colonel veut bien nous faire ; nous le remercierons d'avoir été pour nous d'une indulgence très-grande, et si nous prenons la plume en ce moment, ce n'est pas pour satisfaire à un faux sentiment d'amour-propre personnel, mais pour chercher à faire admettre des idées que nous croyons pouvoir marcher à côté de celles si bien exprimées et si fertiles que contiennent plusieurs chapitres du colonel baron d'Azémar.

L'auteur ne présente que trois critiques sérieuses sur notre travail.

La première, que l'œuvre est peut-être un peu savante.... Ce n'est pas notre avis; mais à cela, il sera facile de remédier.

La seconde, *qu'à la simple lecture*, il n'a pas bien saisi ni l'utilité ni l'emploi du guide-bride et du guide-bridon.

Nous lui répondrons qu'étant un jour fatigué par des travaux extraordinaires, nous avons lu deux et trois fois plusieurs de ses chapitres et que ce n'est qu'à la troisième fois que nous nous sommes étonné de n'avoir pas compris dès la première leur utilité et leur à-propos.

La simple réflexion de ne pas compromettre la sûreté d'un cavalier recrue sur un cheval neuf, eût pu faire comprendre à M. le baron d'Azémar le grand avantage d'instruments qui servent à l'instructeur pour apprendre *au recrue*, avant de le mettre en selle, non-seulement le mécanisme des rênes, mais les mouvements de la tête du cheval.

Le colonel n'attaquant pas la clarté de mon texte, je prends la liberté de le prier alors de s'en rapporter, pour l'utilité et l'emploi de ces instruments, au témoignage de la Commission qui a suivi les expériences.

La troisième, qui concerne *le pincer délicat* de l'éperon qu'il ne désapprouve pas, mais qui est, selon lui, contraire à l'ordonnance qui veut que l'éperon arrive toujours *vigoureusement*.

Nous ferons remarquer au colonel que, proposant une méthode qui assure au soldat une solidité exceptionnelle et l'union physique et morale que, selon nous, l'ordonnance de 1829 ne pouvait donner, nous n'avons pas craint de permettre au simple cavalier, l'application raisonnée de l'éperon dans la mise en main, ce qui conduira le cavalier de première classe à comprendre plus tard l'emploi de l'éperon comme secours dans la grande question de la mise en équilibre du cheval,

Que le colonel veuille se rappeler aussi que, dans notre école, le mot *aide*, employé par la théorie et l'ancienne école, veut dire *secours;* or, le secours peut être plus ou moins sévère, et même dans la mise en main, le *pincer délicat* devient *châtiment.* J'appelle *agents* ce qui s'appelait *aides*, c'est-à-dire les parties du corps du cavalier qui sont en rapport constant avec le cheval.... la *main*, l'*assiette*, les *jambes.*

Voilà les critiques un peu sérieuses que le colonel adresse à ma *Théorie de centaurisation.* Quant aux autres, une seconde lecture du livre lui montrera que je suis dans la vérité, au sujet, par exemple, de *baisser la main* ou de l'*avancer en l'élevant* pour la progression. Car lorsqu'il me reproche de laisser le choix au cavalier, il lui sera facile de voir que, dans tous les mouvements, j'ai précisé, au contraire, ce qu'il fallait faire, sans laisser l'embarras du choix au cavalier.

A la quinzième demande du *Questionnaire*, il faut lire:

D. Le cheval qui veut se mettre en mouvement, que fait-il ?

R. Il revient sur lui-même pour mettre son corps sur les ressorts qui doivent le pousser en avant.

M. le baron d'Azémar termine sa critique par cette phrase obligeante....

« La *Théorie de la centaurisation* est évidemment « l'œuvre d'un bon écuyer, d'un écrivain de mérite, sa- « vant théoricien et habile praticien ; *mais ne la connais- « sant pas assez, nous ne la jugeons point ;* nous « attendrons les résultats d'une plus longue application « de cette méthode qui, nous l'espérons, tournera, en « définitive, au profit de la cavalerie. »

Rien n'est plus concluant que les faits...

Premier fait.

Lorsque S. Exc. M. le ministre de la guerre voulut bien me confier vingt recrues et vingt chevaux neufs, on n'avait jamais eu la pensée de faire dresser des chevaux neufs par des hommes de recrue, et, comme pour tout ce qui est extraordinaire et sort des habitudes reçues, personne ne voulait croire à la possibilité d'une pareille entreprise.

Il fallait *dix mois* pour former un homme recrue pour la cavalerie et le faire entrer à l'école d'escadron.

Il en fallait autant pour former un cheval neuf.

Soixante-quinze séances ont suffi pour ce double travail.

Second fait.

Quelques semaines après les expériences, M. le colonel de Vanteaux, du 2e carabiniers, reçut l'ordre d'expérimenter de la même manière, et d'après mes principes et ma méthode, des recrues et chevaux neufs.

Le lieutenant d'instruction, M. Hocquet, instructeur habile, formé à l'école de Saumur, et capable de comparer deux méthodes entre elles, fut chargé des expériences, qu'il entreprit mon livre en main et n'ayant causé avec moi qu'une seule fois avant ses expériences. Le rapport remis par M. le colonel de Vanteaux sur les résultats de cette nouvelle expérience constate :

Que 22 recrues dressant 22 chevaux neufs sont entrés à l'école d'escadron *à la quatre-vingt-dix-septième séance ;*

Que, sur les vingt-deux recrues, *dix* ont été désignés par le colonel pour être *élèves brigadiers.*

CHAPITRE XIV.

OBSERVATIONS DERNIÈRES.

—

Dans son travail, M. le colonel a cru devoir rappeler l'opinion que M. Baucher a présentée, il y a *dix-neuf ans*, sur l'appréciation que j'ai faite alors de la méthode de ce maître.

Voici la phrase : « Je m'honore d'avoir eu l'auteur « pour élève ; comme professeur, j'ai vu avec une vive « satisfaction M. de Brêves *établir, par de savantes* « *preuves* tirées d'une étude approfondie de *l'hippiatri-* « *que, que mon système de dressage est le seul appli-* « *cable à toute espèce de chevaux.* »

« *Méthode d'application*, par F. Baucher. »

Le colonel a oublié de reproduire ce que j'écrivais *alors*, en opposition à une partie de cette phrase, dans mon ouvrage de *l'Équitation et des haras.*

J'écrivais ceci pages 403 et 409 (1re, 2e et 3e édition, voir *Appendice*) :

« J'ai prouvé que l'équitation est une science *positive* « et non *instinctive*, et qu'elle repose sur des *bases ma-* « *thématiques* ; si cette vérité avait été reconnue de tous « temps, les auteurs, qui ont traité de la science, se « seraient tous appuyés sur *des principes invariables*. « —Malheureusement cette unité d'opinion n'a jamais « existé, chaque professeur ayant eu jusqu'à ce jour « *une méthode particulière*, un *système différent*. »

Et plus loin, page 408 : « Cette étude m'a conduit à « des principes et à des moyens nouveaux, et m'a fourni « l'occasion de donner A CERTAINS POINTS *de la méthode* « *de M. Baucher une justification scientifique.* —Cette « étude, qui fait de l'équitation *une science exacte*, m'a « conduit aussi à faire au cheval l'application des règles « de la statique et de la dynamique.

« J'ai également développé, *par une théorie nouvelle*, « *la marche du centre de gravité de l'animal et de celui* « *du cavalier*, le rapport qui existe entre ces deux « points de réunion des forces et leur influence sur « l'équilibre. »

On voit qu'il y a bientôt *dix-neuf ans* que je marche seul dans une voie nouvelle, que je me suis créée moi-même ;

Que, dans mon ouvrage de l'équitation et des haras paru antérieurement à la *Nouvelle Méthode d'équitation* et postérieurement au *Dictionnaire raisonné d'équitation* de M. Baucher.... *je n'ai donné de justification scientifique qu'à certains points de la méthode de ce maître, et non pas au système entier, que j'ai combattu maintes fois*, tout en faisant de l'auteur un écuyer des plus remarquables.

Le colonel, n'ayant aucune objection sérieuse à faire aux principes de la *Théorie de centaurisation* et ne sachant comment défendre *ceux* qu'il faudrait remplacer dans l'ordonnance du 6 décembre 1829...., n'a pas trouvé d'autres moyens pour nous combattre que de nous opposer, d'une part, les succès obtenus par les expériences de M. Baucher en 1843 ; d'autre part, l'adoption en 1853, par une commission spéciale, du *Cours d'équitation* du comte d'Aure ; et il se demande ce qu'on doit attendre de l'avenir réservé aux principes que je présente, par comparaison, au sort accordé à ceux si vantés de ces maîtres.

Sic transit gloria mundi,

ajoute obligeamment le colonel ; nous lui demanderons pourquoi il ne cite pas non plus les succès de madame Isabelle au régiment des guides, en accompagnant son récit de l'exposé du séjour de cette dame à Saumur.

Nous ne suivrons pas le colonel sur un pareil terrain, malgré son désir de nous y entraîner : l'exemple du passé qu'il cite n'est pas plus un argument contre nous que tout ce qu'il dit dans sa critique.

La méthode de M. Baucher peut être bonne pour les cavaliers qui ont assez de savoir pour en faire l'application, et être trop difficile pour le simple cavalier.

Les principes du comte d'Aure peuvent produire de hardis cavaliers.

Ceux de madame Isabelle peuvent présenter également aussi leur utilité pour le dressage des chevaux.

Mais si toutes ces considérations n'ont aucune portée pour ou contre les principes de la *Théorie de centaurisation*, qui n'a nulle ressemblance avec les méthodes des maîtres précités, ni avec celle de madame Isabelle, elles indiquent assez cependant le besoin que l'on ressent d'une révision de l'ordonnance de 1829.

Notre théorie a été faite pour le dressage simultané du cavalier recrue et du cheval neuf; elle est applicable au cavalier avec un vieux cheval aussi bien, et souvent mieux, qu'avec un jeune. Le travail qu'elle donne est nouveau, et il exigeait les principes et les règles invariables de notre école, sans le positivisme de laquelle l'exactitude et la promptitude de ce double dressage étaient impossibles à obtenir.

CHAPITRE XV.

CONCLUSION.

—

Les deux volumes de M. le baron d'Azémar, intitulés *De l'avenir de la cavalerie*, comprennent une série de questions d'un intérêt majeur.... Nous avons évité de toucher à celles qui ne concernaient pas directement ou indirectement l'équitation ; notre tâche était donc bornée par des limites faciles à observer.

Dans le peu de mots que nous a inspirés notre dévouement à l'avenir de la cavalerie, nous n'avons pas cherché à déguiser notre pensée sur l'œuvre du colonel, qui peut avoir été à la hauteur de son sujet en ce qui concerne les questions purement militaires qu'il traite, mais qui ne nous paraît pas avoir été aussi heureux pour celles qui ont un rapport direct ou indirect avec l'équitation. En effet, tandis que le colonel s'étend avec complaisance sur des considérations générales empruntées aux hommes de cheval de toutes les époques et de tous les pays, il oublie de placer la question équestre sur son véritable terrain, *celui des principes et des règles à prescrire au cavalier dans la conduite de l'animal.*

Il demande l'exécution du travail, *sans jamais* se préoccuper des moyens qui le font obtenir.

Le colonel constate que l'instruction militaire est surchargée de matières qui fatiguent les cavaliers sans avoir le mérite de les instruire utilement, et il présente un cadre de connaissances encore plus étendu que celui qu'ils ont.

C'est parce que nous trouvons que MM. les officiers et sous-officiers ont déjà beaucoup d'occupation que nous avons cherché dans notre *Théorie de centaurisation*, à abréger leur travail en présentant *un résumé succinct de tout ce qui est pratique.*

Enfin, l'auteur, après avoir dit dans son avant-propos, page 5 du premier volume : « notre ordonnance de 1829, « sans être parfaite, doit être maintenue dans ses prin- « cipes sanctionnés par une longue expérience, » signale dans ses conclusions, trop sévèrement selon nous, *le manque d'habileté équestre de la cavalerie.* Il avoue donc, par ce seul fait, que les trente années de pratique des principes équestres de l'ordonnance n'ont pas produit d'heureux résultats.

Que M. le baron d'Azémar me permette, en terminant, de lui exprimer un regret...., celui de n'avoir pas connu ses intentions ; je me serais empressé d'aller lui donner les explications qui lui ont manqué pour parler utilement d'un ouvrage *qu'il avoue lui-même ne pas connaître assez pour le juger.*

Il se serait convaincu avec nous de la nécessité qu'il y a, pour l'*avenir de la cavalerie* française, de supprimer ceux des principes de l'ordonnance du 6 décembre 1827 qui froissent les lois de la physiologie, de l'anatomie, de la mécanique, et de les remplacer par d'autres trouvant leur raison d'être dans la théorie de ces mêmes sciences.

Avant d'écrire sur les questions chevalines et sur l'équitation, j'ai visité tous les principaux haras et les principales écoles militaires et civiles d'Europe.

C'est alors seulement que je me suis cru assez autorisé pour faire paraître mes ouvrages de *l'Équitation et des haras, la Vérité à cheval*, puis enfin *le Guide de l'ami du cheval*, qui contient l'histoire, la science et la pratique de l'équitation.

Les résultats avantageux, que m'a donnés l'application de mes principes, résultats constatés par tous ceux qui les étudient et les mettent chaque jour en pratique, sont pour moi une récompense bien précieuse de mes travaux.

De nombreuses et flatteuses lettres d'encouragement m'arrivent de toutes parts ; beaucoup de personnes sentent que ma force pour faire triompher mes principes et me rendre utile à mon pays ne résidant que dans un travail assidu et journalier, c'est un devoir pour tout homme de cheval consciencieux, qui partage mes idées, de m'engager à les poursuivre....; je ne me rebuterai donc jamais..... On sait ce que ma *Théorie de centaurisation* a produit sur des recrues dressant des chevaux neufs, tout en apprenant eux-mêmes les grands et bons principes d'une science exacte.... On verra bientôt, je l'espère, ce que produira pour l'arme de la cavalerie et *ce que j'ai dit* et *ce qui me reste à dire.*

Voici plus de trente années que nous nous occupons d'équitation, et en présence des nombreux sacrifices de tout genre, même de santé, que nous avons faits pour ses progrès et ceux des questions hippiques...., nous pensons avoir le droit de répéter encore de nouveau ce que nous avons toujours avancé, à savoir que, *l'avenir de la cavalerie* tient par des liens indissolubles *à l'avenir équestre....* Oublier cette vérité, serait vouloir rester stationnaire, et sous le rapport de l'avenir de la cavalerie, et sous celui de la création et de l'élevage des chevaux, car tout peuple qui sera cavalier sera tout à la fois *éleveur et guerrier.* Nous pensons que M. le colonel baron d'Azémar partage notre opinion à cet égard, et qu'il joindra ses vœux aux nôtres pour que le Gouvernement prenne les mesures nécessaires pour qu'il y ait en France le plus d'hommes de cheval possible et, par contre, le moins possible *de cavaliers mauvais.*

FIN.

TABLE DES MATIÈRES.

OUVRAGES DU MÊME AUTEUR :

De l'Équitation et des Haras. 2e édition. Illustrations par M. E. Giraud. In-4°. Prix : 15 fr.

De l'Équitation et des Haras. 3e édition, avec portrait de l'auteur. In-8°. Prix : 6 fr.

La vérité à cheval. Illustrations par MM. E. Giraud et Ph. Ledieu. In-8°. Prix : 5 fr.

Guide de l'ami du cheval. Histoire, Science et pratique de l'Équitation. Illustrations par MM. Eugène Ginain, Eugène et Charles Giraud. 2 vol. gr. in-8°. Prix : 12 fr. par volume.

Le 3e volume est sous presse.

Théorie de la Centaurisation pour arriver promptement à l'exécution des mouvements de l'ordonnance. 1 vol. in-18. Prix : 1 fr. 25.

Imprimerie de Cosse et J. Dumaine, rue Christine, 2.

www.ingramcontent.com/pod-product-compliance
Ingram Content Group UK Ltd.
Pitfield, Milton Keynes, MK11 3LW, UK
UKHW021202220726
13924UKWH00003B/1269